SNEAKY PRESS

©Copyright 2023
Pauline Malkoun

A catalogue record for this work is available from the National Library of Australia.

ISBN 9781922641830

Sneaky Press is the imprint of Sneaky Universe.
www.sneakyuniverse.com
First published in 2023

Sneaky Press
Melbourne, Australia.

El Libro de Datos Aleatorios sobre Coches

Sneaky Press

Contenido

Datos aleatorios sobre la historia del coche

El primer coche fue construido por Carl Benz y conducido el 31 de diciembre de 1879.

En 1998, se lanzó el último coche diseñado para ser arrancado con una manivela.

Si bien los coches tenían llaves para las puertas antes, no fue hasta 1949 que se usó una llave para arrancar un coche.

La compañía británica de cochBritish Leyland, formada en 1968, era la segunda compañía de coches más grande fuera de los EE. UU., detrás de Volkswagen.

El primer coche producido en masa fue el Ford Model T.

El 55% de todos los coches en la carretera en 1916 eran Ford Model T.

En 1909, se tardaba 12 horas en ensamblar un Model T.

Ford produjo más de 15 millones de coches entre 1909-1927, lo que equivale a un promedio de aproximadamente 535,000 coches por año.

Para 1913, gracias a la línea de montaje, solo tomaba 8 minutos.

Para cuando se produjeron los últimos Model T en 1927, podían ensamblarse en 24 segundos.

El Model T costaba $850 dólares en 1908 (equivalente a unos $25000 en el dinero de hoy). En 1925, el mismo coche se podía comprar nuevo por $260 (equivalente a unos $8000 hoy) como resultado directo de que la producción de coches se volviera más eficiente. (Estos costos están en dólares estadounidenses porque es donde se produjeron y compraron los coches en ese momento).

Holden solía hacer sillas de montar, sí, la cosa que pones en un caballo para montarlo en la década de 1850.

Peugeot comenzó a fabricar coches en 1890, antes de eso hacían herramientas manuales, equipos de cocina y bicicletas.

Rolls-Royce fabrica motores de avión además de coches de lujo.

Toyota fabrica telares automáticos (máquinas que tejen telas) además de coches.

Además de coches, SAAB fabrica aviones militares, sistemas de control del tráfico aéreo y radar.

Hyundai también construye barcos, motores y otras maquinarias además de coches.

Datos aleatorios sobre la producción de coches

Se informa que se producen 115 coches por minuto, 6875 coches por hora, 165000 por día, lo que equivale a 60 millones de coches cada año.

El 25% de todos los coches producidos se fabrican en China.

Hay más de 30000 piezas únicas en el coche promedio.

El primer coche con tracción en las cuatro ruedas se produjo para el ejército de los EE. UU. En 1940: era un Jeep.

Toyota produce 13000 coches por día, lo que lo convierte en el mayor productor de coches del mundo. Su coche más vendido es el Corolla, con más de 50 millones de coches vendidos hasta agosto de 2021.

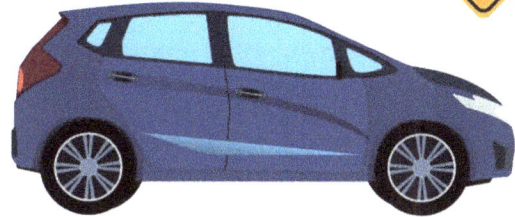

Ford produce entre 8000 y 10000 coches al día.

Ferrari no produce más de 14 coches al día.

Formas de coches

Hay 6 formas principales de coches.

Hatchback

Coupé

Sedán

Ute

Tracción en las cuatro ruedas

 Furgoneta

Datos aleatorios sobre la seguridad del coche

El día en que ocurren más accidentes de tráfico es el sábado.

La mayoría de los accidentes ocurren a menos de 5 km de la casa de una persona.

Usar el cinturón de seguridad cuando se viaja en un coche reduce el riesgo de muerte en un 61% en caso de accidente.

El cinturón de seguridad de tres puntos fue inventado por Volvo en 1959 y salva una vida cada seis segundos. Volvo permitió que todos los demás fabricantes de coches copiaran el diseño para que las personas pudieran estar más seguras en cualquier coche en el que estuvieran.

Los airbags se introdujeron por primera vez en algunos coches en 1974.

Se tarda 40 milisegundos en inflar un airbag.

Datos aleatorios sobre carreras de coches

La primera carrera de coches tuvo lugar en París el 22 de julio de 1894.

Las carreras de coches ocurren tanto en carreteras públicas como en pistas de carreras.

Las carreras de rally involucran coches normales que han sido modificados para competir.

Actualmente, solo los Ford Fusion, Dodge Charger, Chevrolet Impala y Toyota Camry pueden competir en carreras NASCAR.

Las carreras de Fórmula 1 involucran coches especialmente diseñados muy rápidos que corren vueltas alrededor de una pista especial.

Hay alrededor de 15-20 carreras de Fórmula 1 cada año organizadas por varios países de todo el mundo. Estas carreras combinadas se llaman Gran Premio. El ganador del Gran Premio es el equipo que ha tenido más éxito durante el año.

La primera carrera de Fórmula 1 ocurrió el 13 de mayo de 1950 en el Reino Unido.

Primeros coches

El primer accidente automovilístico ocurrió en 1891.

La primera línea divisoria de carreteras se pintó en Michigan, EE. UU. En 1911.

Los primeros semáforos se instalaron en 1914 en Cleveland, EE. UU.

El primer cartel que prohibía los giros a la izquierda se instaló en Nueva York, EE. UU. En 1916.

Datos aleatorios sobre coches

Se cree que un coche moderno de Fórmula 1 puede conducir boca abajo en un túnel cuando se mueve a una velocidad de aproximadamente 190 km/h.

Establecido en noviembre de 1985, el récord para quitar y reemplazar un motor de coche es de 42 segundos.

El coche más largo jamás fabricado es una limusina Cadillac que mide más de 30 metros de largo y tiene más de 20 neumáticos.

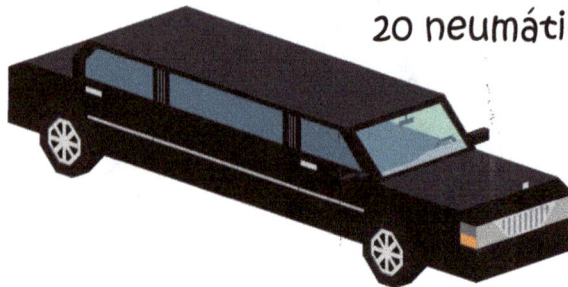

El coche más bajo jamás producido mide menos de 50 cm de altura, se llama Flatmobile.

¿Te consideras un cantante? Parece que la mayoría de las personas que conducen coches lo hacen. El 90% de todos los conductores cantan cuando están en la carretera.

Los coches son el producto más reciclado del mundo.

En el Reino Unido, los coches patrulla solían tener un alijo de ositos de peluche en caso de que los oficiales se encontraran con un niño que había sufrido un accidente automovilístico y necesitara calmarse.

Hay más Rolls Royces en Hong Kong que en cualquier otro lugar del mundo.

En 2018, aproximadamente el 75% de todos los coches usados vendidos en los Estados Unidos eran negros, blancos, grises o plateados.

En 1981, el fabricante alemán de coches Trabant estaba fabricando coches sin medidores de combustible. Podías verificar cuánto combustible tenías con una varilla medidora.

Aproximadamente el 65% de los conductores en todo el mundo conducen por el lado derecho de la carretera.

Las ruedas han sido utilizadas durante mucho tiempo por los humanos. La más antigua descubierta data del año 3500 a.C. Fue encontrada en Mesopotamia.

Los conductores en Turkmenistán tienen derecho a 120 litros de combustible gratis al mes.

En Noruega, la mitad de todos los coches nuevos vendidos son eléctricos o híbridos.

Leonardo da Vinci diseñó un coche en 1478. El Instituto y Museo de Historia de la Ciencia en Florencia, Italia, tiene una réplica de este coche que finalmente se construyó en 2004.

ROLLS ROYCE

Los propietarios de Rolls Royce realmente aman y cuidan sus coches: el 75% de todos los Rolls Royces todavía están en la carretera.

Si un coche pudiera conducir por el aire a una velocidad promedio de 96 km/h sin necesidad de reabastecerse, te llevaría a la luna en menos de un mes.

Muchos coches nuevos son muy silenciosos, tan silenciosos que reproducen ruido falso del motor a través de los altavoces.

En Rusia, es ilegal conducir en un coche sucio.

La primera multa por exceso de velocidad se emitió en 1902 por un coche que viajaba a unos 72 km/h.

Solía ser ilegal cerrar con fuerza la puerta de un coche en algunos lugares de Suiza.

Mitos del coche

La potencia se refiere a la velocidad real de un caballo. En realidad, es solo una forma de medir cuánto trabajo se realiza en una cantidad específica de tiempo.

Los coches más pequeños son más peligrosos para los pasajeros en caso de accidente.

El costo del seguro del coche depende del color del mismo.

Los coches viejos son más seguros.

Los coches sucios son más eficientes en combustible.

Llenar el combustible por la mañana implica combustible de mejor calidad.

Necesitas calentar el motor del coche en clima frío.

Los coches manuales son más eficientes en combustible que los automáticos.

Trivia de los cohes

1. ¿Qué se usa para inflar los neumáticos de los coches?

2. ¿Cuáles son los combustibles más comunes utilizados para alimentar coches?

3. ¿Qué tipos de coches se utilizan a menudo como vehículos de trabajo?

4. ¿Qué cambios puedes hacer en los coches?

29

Otros títulos en la serie Datos Aleatorios

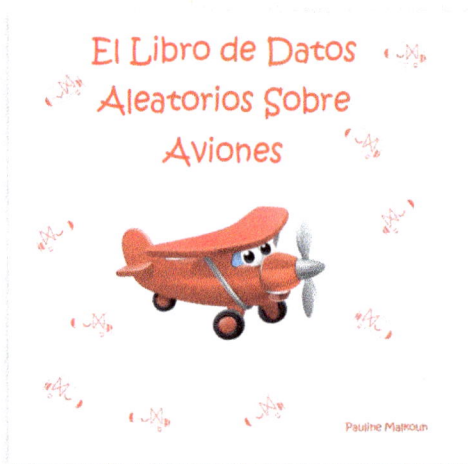

El Libro de Datos Aleatorios Sobre Aviones

Pauline Malkoun

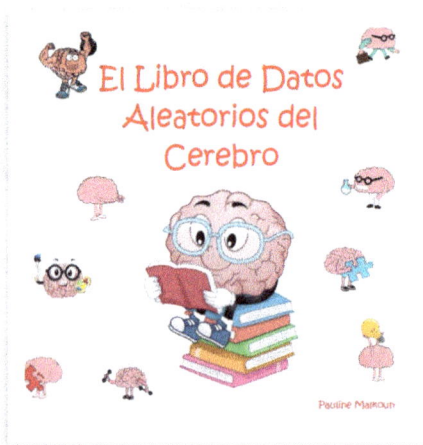

El Libro de Datos Aleatorios del Cerebro

Pauline Malkoun

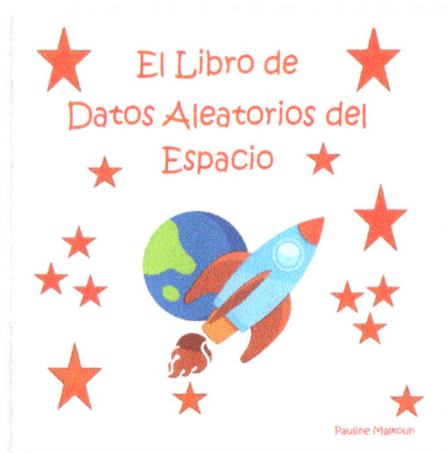

El Libro de Datos Aleatorios del Espacio

Pauline Malkoun

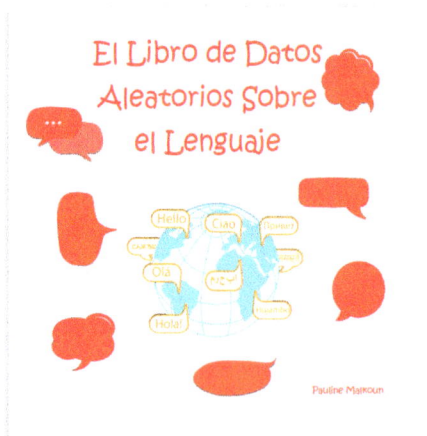

El Libro de Datos Aleatorios Sobre el Lenguaje

Pauline Malkoun

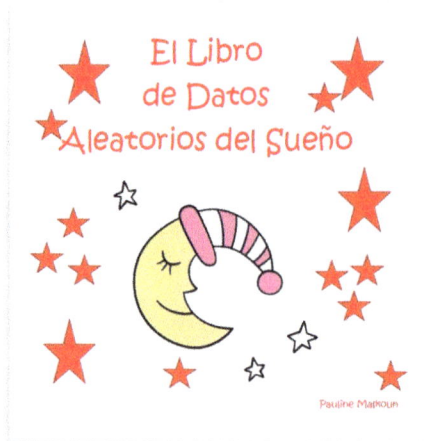

El Libro de Datos Aleatorios del Sueño

Pauline Malkoun

www.ingramcontent.com/pod-product-compliance
Lightning Source LLC
Chambersburg PA
CBHW080429030426
42335CB00020B/2647